PRÉCIS

SUR LES

SUCCESSIONS MUSULMANES

D'APRÈS LA DÉVOLUTION CORANIQUE

(RITE MALÉKITE)

PAR

A. PEREZ

SOUS-CHEF DE BUREAU DU SERVICE TOPOGRAPHIQUE A ORAN

ORAN

IMPRIMERIE D. HEINTZ et FILS

18 et 20, Boulevard Malakoff

—

1907

PRÉCIS

SUR LES

SUCCESSIONS MUSULMANES

D'APRÈS LA DÉVOLUTION CORANIQUE

(RITE MALÉKITE)

PAR

A. PEREZ

SOUS-CHEF DE BUREAU DU SERVICE TOPOGRAPHIQUE A ORAN

ORAN

IMPRIMERIE D. HEINTZ et FILS

18 et 20, Boulevard Malakoff

—

1907

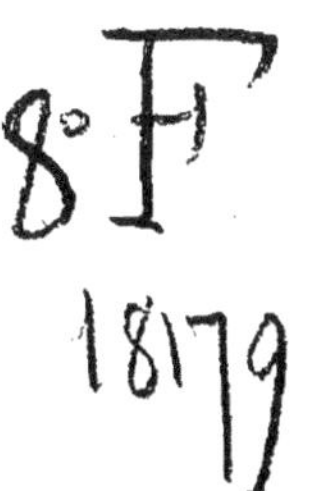

A Monsieur CUVELLIER,

Inspecteur, Chef du Service Topographique d'Oran.

MONSIEUR L'INSPECTEUR,

Le contrôle permanent des dossiers d'enquêtes partielles effectué sous votre direction, depuis sept ans, m'a permis de reconnaître les multiples difficultés de la tâche incombant aux agents du Service Topographique, et d'acquérir l'expérience suffisante pour l'application des règles de droit musulman en matière successorale.

J'ai pensé que l'Administration supérieure verrait, avec plaisir, publier un précis résumant, avec méthode et clarté, les divers cas de successions chez les Indigènes. Dans cette intention, j'ai l'honneur de vous présenter ce modeste travail. La quote-part de l'ayant droit y est nettement définie et peut rapidement être cherchée et solutionnée. Je me suis inspiré des nombreux auteurs qui ont écrit sur cette matière et j'ai été heureux de les consulter.

Ce petit ouvrage, rédigé en vue de faciliter le travail des Commissaires enquêteurs chargés de l'application de la loi du 16 février 1897, servira, je l'espère, à les aider dans leurs recherches parfois si laborieuses.

C'est donc à vous, Monsieur l'Inspecteur, à Monsieur Didière, mon ancien chef de bureau, à mes collègues du Service Topographique, que je dédie cet opuscule.

A. PEREZ.

Oran, le 11 juin 1907.

PRÉCIS

SUR LES

SUCCESSIONS MUSULMANES

CHAPITRE PREMIER

Causes de la successibilité

1. — Les causes de la successibilité sont au nombre de deux : le mariage et la parenté.

2. — La loi musulmane n'admet pas la représentation : ainsi, le petit-fils (né d'un fils) est exclu de la succession de son grand-père par la présence d'un fils du de cujus.

3. — Les enfants légitimes ou naturels sont tous appelés à la succession de leur père, à moins qu'ils ne soient désavoués par lui ou qu'ils ne soient adultérins.

CHAPITRE II

Des divers ordres d'héritiers

4. — La loi musulmane reconnaît quatre sortes d'héritiers, qui sont : 1º les descendants et ascendants des

deux sexes ; 2º le conjoint survivant ; 3º les collatéraux mâles ; 4º le Beït-el-Mal (actuellement remplacé par l'Administration des Domaines).

5. — Entre héritiers de même degré, celui qui a le privilège du double lien a la priorité sur celui qui ne procède que du père seul ; ainsi, le frère germain exclut le frère consanguin.

6. — Deux collatéraux placés au même degré du de cujus, tels qu'un neveu et oncle : la descendance prime l'ascendance, et toute la succession est échue au neveu.

7. — Les héritiers de même sexe partagent par égales parts ; ceux de sexe différent, dans la proportion de deux parts pour les mâles et d'une part pour les femmes.

8. — Les frères ou sœurs utérins partagent entre eux par égales parts, sans distinction de sexe.

CHAPITRE III

Classement des héritiers

9. — Il y a deux classes d'héritiers, qui sont :
    1º Les héritiers réservataires, dits *Fardh* ;
    2º Les héritiers universels, dits *Aceb*.

Les premiers ont une réserve légale sur le montant de la succession.

Les seconds prennent toute la succession ou ce qui reste après que les héritiers fardh ont été remplis de leurs droits.

Héritiers réservataires

10. — Ces héritiers, qui appartiennent à la première classe, sont :

Sexe masculin

1° Le père ;
2° L'aïeul ;
3° L'époux ;
4° Le frère utérin ;

Sexe féminin

5° La fille (devient aceb par la présence d'un frère) ;
6° La petite-fille (née d'un fils) devient aceb par la présence d'un frère ou un neveu) ;
7° La mère ;
8° L'aïeule ;

9° La sœur germaine ;
10° La sœur consanguine ; } deviennent aceb par la présence d'un frère, du même degré qu'elles, ou d'une fille ou petite-fille (fille de fils).

11° La sœur utérine ;
12° L'épouse.

Héritiers universels ou Aceb

11. — Ces héritiers se divisent en trois classes, qui sont :

Descendants

1° Le fils ;
2° Le petit-fils ;
3° L'arrière – petit – fils (par les mâles) ; } Chacun de ces héritiers rend sa sœur aceb.

Ascendants

4° Le père ; } ont la double qualité de fardh et d'aceb,
5° L'aïeul ; } suivant le cas.

<table>
<tr><td rowspan="7" style="writing-mode: vertical-rl;">Collatéraux</td><td>6° Le frère germain ou consanguin ;</td><td></td></tr>
<tr><td>7° Le neveu germain ou consanguin ;</td><td></td></tr>
<tr><td>8° Le petit-neveu germain ou consanguin ;</td><td rowspan="6">Les sœurs de ces héritiers ne concourent pas avec leurs frères.</td></tr>
<tr><td>9° L'arrière-petit-neveu germain ou consanguin ;</td></tr>
<tr><td>10° L'oncle germain ou consanguin ;</td></tr>
<tr><td>11° Le cousin germain ou consanguin ;</td></tr>
</table>

Et ainsi de suite jusqu'au 6e degré, en comptant les degrés par génération [1]. A défaut d'aceb au 6e degré, le Beït-el-Mal recueille la totalité de la succession. (Le Beït-el-Mal est actuellement remplacé par l'Administration des Domaines.)

---

(1) Cousin issu du grand-oncle (SOLVET).

12. — Tableau généalogique des Aceb

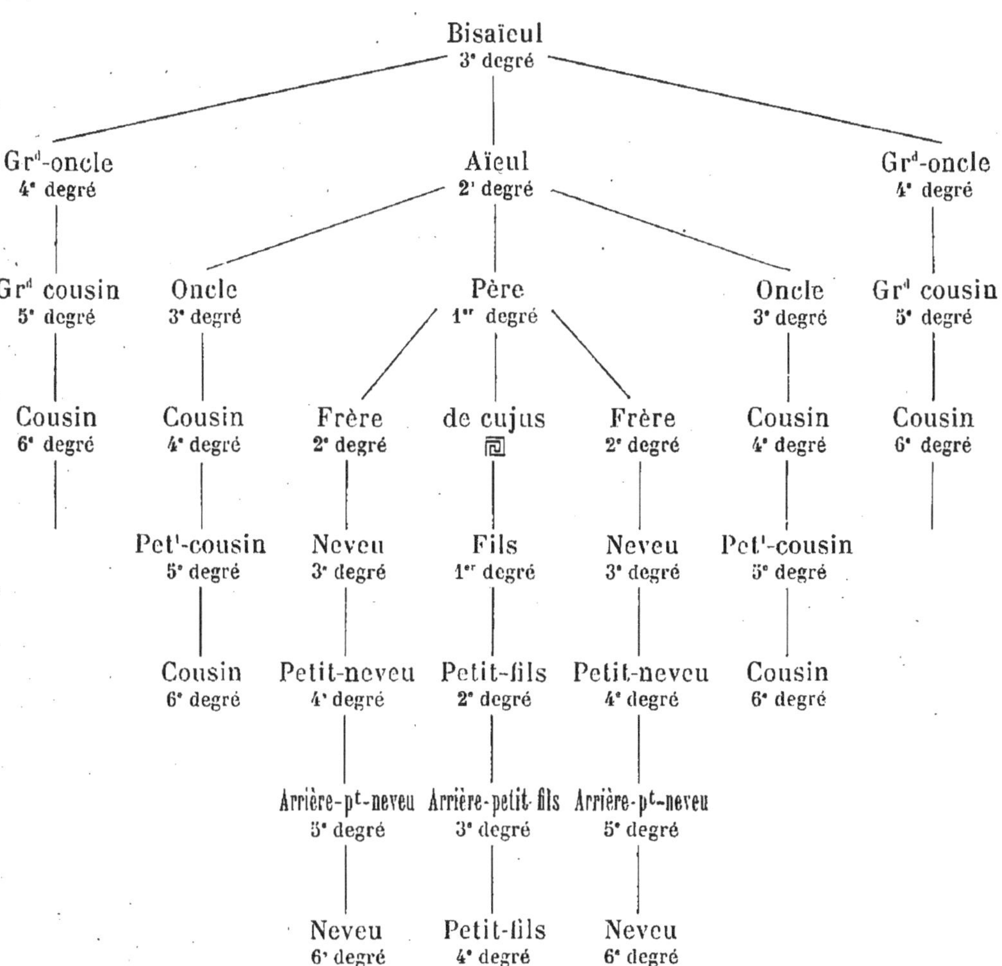

13. — Des différentes espèces d'aceb

Il y a trois espèces d'aceb, qui sont :

1° L'aceb par lui-même ou *Bi-nafsi-hi* ;

2° L'aceb par un autre ou *Bi-r'aïri-hi* ;

3° L'aceb avec un autre ou *Ma-r'aïri-hi*.

1° La première espèce se compose de tous les héritiers mâles de la ligne paternelle ;

2° La seconde espèce comprend les héritières suivantes :

1° La fille ou la petite-fille (née d'un fils) ;

2° La sœur germaine ou consanguine,

lorsqu'elles viennent à la succession en concurrence avec un aceb mâle du même degré ou d'un degré inférieur (frère ou neveu).

3° La troisième espèce (l'aceb avec un autre) comprend :

1° La sœur germaine ;

2° La sœur consanguine,

lorsqu'elles viennent à la succession avec une fille, ou, à son défaut, une petite-fille (née d'un fils), sans que ces dernières soient elles-mêmes aceb.

CHAPITRE IV

Héritiers fardh et aceb. — Leur rang et leurs droits.

1° CONJOINTS

Époux

14. — L'époux a droit à la moitié de la succession lorsque l'épouse ne laisse pas de postérité.

15. — L'époux a droit au 1/4 de la succession lorsque l'épouse décédée laisse une postérité.

Épouse

16. — L'épouse a droit au 1/4 de la succession de son époux mort sans postérité.

17. — S'il y a plusieurs épouses, la réserve du 1/4 est partagée entre elles par égales parts.

18. — L'épouse a droit au 1/8 de la succession si l'époux décède en laissant une postérité.

19. — S'il y a plusieurs épouses, la réserve du 1/6 est partagée entre elles par égales parts.

2° DESCENDANTS

Fils

20. — S'il est seul, recueille la totalité de la succession.

21. — S'il y a des héritiers réservataires, le fils prend le restant de la succession après que ceux-ci ont été remplis de leurs droits.

22. — En concurrence avec des filles, le fils élève ses sœurs au rang d'aceb et partage avec elles, suivant le sexe, le restant de la succession après que les héritiers réservataires ont été remplis de leurs droits.

Petit-fils (né d'un fils)

23. — A défaut de fils, le petit-fils recueille la totalité de la succession s'il n'y a pas d'autres héritiers.

24. — En concurrence avec des petites-filles (sœurs ou cousines), le petit-fils les place au rang d'aceb et partage avec elles, suivant le sexe, le restant de la succession après que les héritiers réservataires ont été remplis de leurs droits.

Arrière-petit-fils (par les mâles)

25. — En l'absence de fils ou de petits-fils, l'arrière-petit-fils exerce les mêmes droits que ceux-ci.

Fille

26. — La fille unique a droit à la moitié de la succession.

27. — S'il y a plusieurs filles, elles ont droit aux deux tiers qu'elles se partagent par égales parts.

28. — En concurrence avec un fils, la fille perd sa qualité d'héritière réservataire, devient aceb et partage avec son frère, suivant le sexe, le restant de la succession, après que les héritiers réservataires ont été remplis de leurs droits.

Petite-fille (née d'un fils)

29. — La petite-fille est exclue de la succession si le de cujus laisse un fils ou deux ou plusieurs filles.

30. — En l'absence de fils ou de filles, la petite-fille unique a droit à la moitié de l'hérédité.

31. — S'il y a plusieurs petites-filles, la quote-part est élevée aux 2/3 qu'elles se partagent par égales parts.

32. — En concurrence avec une seule fille du de cujus, la petite-fille a droit au 1/6 de la succession.

33. — S'il y a plusieurs petite-filles, la réserve du 1/6 est partagée entre elles par égales parts.

34. — En concurrence avec une fille et un petit-fils (né d'un fils), la petite-fille perd sa qualité de réservataire, devient aceb, et partage, suivant le sexe, avec son frère, le restant de la succession, après que la fille a prélevé la réserve de moitié qui lui revient.

35. — En concurrence avec des filles et un petit-fils (né d'un fils), la petite-fille devient héritière aceb et partage avec son frère ou son cousin, suivant le sexe, le restant de la succession, après que les filles ont prélevé leur réserve des 2/3.

36. — En concurrence avec un petit-fils (né d'un fils), ou, à son défaut, un arrière-petit-fils (par les mâles), la petite fille perd sa qualité de réservataire, devient aceb et partage, avec son frère ou son neveu, suivant le sexe, la totalité ou bien le restant de la succession, s'il y a des héritiers réservataires qui concourent avec eux.

Arrière-petite-fille (par les mâles)

37. — L'arrière-petite-fille, à défaut de petite-fille, jouit des mêmes prérogatives qu'aurait cette dernière.

4° Ascendants

Père

38. — En concurrence avec une ou plusieurs filles, ou, à leur défaut, une ou plusieurs petites-filles (nées d'un fils), le père acquiert la double qualité d'héritier fardh et d'aceb et recueille ainsi le restant de la succession, après que les filles ont prélevé leur réserve des 2/3.

39. — En concurrence avec un ou plusieurs fils, ou, à leur défaut, un ou plusieurs petits-fils (fils de fils), le père a droit, comme héritier réservataire, au 1/6 de la succession.

40. — En concurrence avec un conjoint survivant et la mère du de cujus, le père, à titre d'aceb, recueille le restant de la succession, après que les héritiers réservataires (conjoint et mère) ont été remplis de leurs droits (cas r'araouan expliqué au n° 115).

41. — En concurrence avec des frères germains, consanguins ou utérins, le père les exclut.

42. — En l'absence de descendants et d'ascendants, le père, comme héritier universel, appréhende la totalité de la succession.

Aïeul paternel

43. — Est exclu par le père.

44. — S'il est seul, recueille la totalité de la succession.

45. — En concurrence avec un fils ou un petit-fils (fils de fils), l'aïeul, comme héritier réservataire, a droit au 1/6 de la succession.

46. — En concurrence avec une fille (ou plusieurs) ou, à leur défaut, une petite-fille (fille de fils) (ou plusieurs), l'aïeul prend le restant de la succession (comme ayant la double qualité de fardh et d'aceb), après que la fille ou la petite-fille a prélevé la réserve de moitié à laquelle elle a droit.

47. — En concurrence avec des frères ou sœurs germains, l'aïeul a le choix entre sa réserve du 1/6 où bien de réclamer un droit d'aceb et partager avec les frères ou sœurs, suivant le sexe, le restant de la succession, après que les réservataires ont été remplis de leurs droits.

48. — En concurrence avec des frères ou sœurs germains et des frères ou sœurs consanguins, l'aïeul conserve la même faculté ; mais s'il choisit le partage, les consanguins entrent en ligne de compte pour la fixation de sa part, comme s'ils étaient germains ; puis, la fixation faite, les germains prennent leur part et celle des consanguins.

49. — En concurrence avec l'époux, la mère et la sœur germaine, ou, à défaut, la sœur consanguine, cette dernière

conservera exceptionnellement sa qualité d'héritière fardh ; elle joindra sa réserve à celle de l'aïeul, qu'ils se partageront entre eux, suivant le sexe. Le partage n'aura lieu qu'autant que les parts réservataires auront été réduites par le système de la conversion (règle d'aoul). (Voir l'exemple au n° 108.)

50. — L'aïeul paternel exclut les frères ou sœurs germains et les frères ou sœurs utérins lorsqu'ils arrivent en même temps à la succession que l'époux et la mère.

Le partage du patrimoine n'aura lieu exclusivement qu'entre l'aïeul, l'époux et la mère.

Exemple :

L'époux a droit à une réserve de 1/2 ou 3/6)
La mère   id.   de 1/3 ou 2/6 } 6/6
L'aïeul   id.   de 1/6 ou 1/6)

La succession étant entièrement absorbée, il ne restera donc rien pour les germains et les utérins.

51. — Il en serait de même si, au lieu des frères ou sœurs germains, il y avait des frères ou sœurs consanguins.

52. — Si l'aïeul n'existait pas, la succession serait ainsi répartie :

Époux. . . . . 1/2 ou 3/6)
Mère . . . . 1/6 ou 1/6 { 6/6
Utérins . . . . 1/3 ou 2/6)

Les héritiers réservataires recueillant la totalité de la succession, il ne resterait donc rien pour les frères germains, héritiers aceb. Dans la première succession, nous remarquons que la présence de l'aïeul a eu pour effet d'exclure les utérins, héritiers réservataires. L'aïeul, prenant leur place dans cette dernière liquidation, recueillera les 2/6 qui leur reviennent. Sa présence a eu également pour effet de modifier les droits de la mère.

53. — En qualité d'héritier aceb, l'aïeul paternel exclut l'aïeule paternelle, mais il n'exclut pas l'aïeule maternelle, ni les frères et sœurs germains.

54. — En concurrence avec les frères et sœurs germains, l'aïeul peut, à son choix, prendre le 1/6 s'il y a des réservataires, ou le 1/3 après acquittement des diverses réserves ; ou bien, il peut réclamer un droit d'aceb et partager avec ses frères et sœurs.

55. — En l'absence d'héritiers fardh, l'aïeul venant à la succession avec les frères et sœurs du de cujus, peut choisir entre sa réserve du 1/3, ou bien réclamer un droit d'aceb, et partager avec eux, suivant le sexe, la totalité de la succession.

Mère

56. — En l'absence de descendants de l'un ou l'autre sexe (par les mâles) et lorsqu'elle concourt avec un seul frère ou sœur (germain, consanguin ou utérin), la mère a droit, comme héritière fardh, au 1/3 de la succession.

57. — En concurrence avec un ou plusieurs descendants des deux sexes, la mère n'a plus droit qu'au 1/6 de la succession.

58. — En concurrence avec deux ou plusieurs frères ou sœurs (germains, consanguins ou utérins), la mère a droit également à une réserve du 1/6 de la succession.

59. — En concurrence avec un conjoint survivant et le père du de cujus, la mère reçoit le 1/3 restant de la succession, qu'elle partage avec le père, suivant le sexe (cas raraouan n° 115).

60. — En concurrence avec les deux aïeules, la mère les exclut toutes deux.

61. — En concurrence avec le père et des frères ger-

mains, la mère reçoit le 1/6 de la succession, au lieu du 1/3, à cause de la présence de ces derniers. Les frères germains, exclus par le père, n'interviennent dans le partage que dans le but d'augmenter les droits de celui-ci au détriment de ceux de la mère. Le père recueillera ainsi les 5/6 restant de la succession.

62. — La mère exclut l'aïeule maternelle.

63. — En l'absence de l'aïeule, la mère, comme héritière fardh, a droit au 1/6 de la succession.

64. — En concurrence avec l'aïeule paternelle, elles se partagent la réserve du 1/6 par égales parts ; chacune d'elles prend le 1/12 de la succession.

Aïeules

65. — En l'absence de la mère, les deux aïeules jouissent des mêmes prérogatives qu'aurait celle-là.

6° COLLATÉRAUX

Frère ou sœur utérins

66. — En l'absence de descendant et d'ascendant mâles, le frère ou la sœur utérin a droit comme héritier réservataire au 1/6 de la succession.

67. — S'il y a plusieurs frères ou sœurs utérins, la réserve du 1/6 est élevée au 1/3, qu'ils se partagent par égales parts sans distinction de sexe.

68. — En concurrence avec des descendants ou des ascendants mâles, les frères et sœurs utérins sont exclus de la succession.

69. — En concurrence avec la mère, ou, à son défaut, l'aïeule du de cujus, le frère ou la sœur utérin a droit à une réserve du 1/6 de la succession.

70. — S'il y a plusieurs frères ou sœurs utérins, ils ont droit au 1/3, qu'ils se partagent, par égales parts, sans distinction de sexe.

Frère germain ou consanguin

71. — Le frère germain, héritier aceb, prend rang après les ascendants, et exclut tous les autres collatéraux, à l'exception des frères et sœurs utérins.

72. — En concurrence avec la mère (ou à son défaut l'aïeule), un conjoint survivant et des frères utérins, le frère germain partage avec les utérins, sans distinction de sexe, le montant de leur réserve, après que les héritiers réservataires ont été remplis de leurs droits. Ce cas est désigné sous le nom d'Himaria ou El Mouchtaraka. (Voir exemple au n° 114.)

73. — En concurrence avec une sœur germaine, le frère germain place cette dernière au rang d'aceb et partage avec elle, suivant le sexe, le restant de la succession, après que les héritiers réservataires ont été remplis de leurs droits.

74. — En concurrence avec un frère ou une sœur utérins, le frère germain, à titre d'aceb, recueille le restant de la succession, après que le frère ou la sœur utérins ont prélevé la réserve du 1/6.

75. — En concurrence avec des frères ou sœurs utérins, le frère germain recueille le restant de la succession, après que les frères ou sœurs utérins ont prélevé la réserve du 1/3 qui leur revient.

76. — En concurrence avec une ou plusieurs filles ou petites-filles (nées d'un fils), le frère germain, en qualité d'aceb, recueille le restant de la succession, après que les

filles ou les petites-filles ont prélevé la réserve des 2/3 qui leur revient.

77. — Le frère germain est exclu par la présence d'un fils ou d'un petit-fils (fils de fils), comme aceb plus éloigné qu'eux.

78. — S'il vient seul à la succession et qu'il n'y ait pas d'autres héritiers réservataires qui concourent avec lui, le frère germain recueille la totalité de la succession.

Sœur germaine

79. — En concurrence avec un fils, ou, à défaut, un petit-fils (fils de fils), la sœur germaine n'a aucun droit.

80. — En l'absence d'héritiers réservataires, la sœur germaine a droit à la moitié de la succession et le Beït-el-Mal, à titre d'aceb, recueille le restant.

81. — Si elles sont deux ou davantage, la réserve de 1/2 est élevée aux 2/3, qu'elles se partagent par tête.

82. — La sœur germaine est exclue de la succession par la présence du père du de cujus.

83. — En concurrence avec une ou plusieurs filles, ou, à leur défaut, une ou plusieurs petites-filles, la sœur germaine devient héritière aceb et recueille le restant de la succession, après que les héritières réservataires ont prélevé leur réserve de moitié ou des deux tiers.

84. — S'il y a deux ou plusieurs sœurs germaines, elles se partagent le surplus par égales parts.

85. — En concurrence avec une ou plusieurs filles ou petites-filles (nées d'un fils) et plusieurs frères germains, la sœur germaine devient héritière aceb et partage avec ses frères, suivant le sexe, le surplus de la succession, après que les autres héritiers réservataires ont été remplis de leurs droits.

86. — S'il y a plusieurs sœurs germaines, elles se partagent le surplus par égales parts.

87. — En l'absence de descendant et d'ascendant, la sœur germaine, lorsqu'elle concourt avec un ou plusieurs frères germains, devient héritière aceb et partage avec eux, suivant le sexe, la totalité de la succession.

88. — En concurrence avec un aïeul paternel et des frères germains, la sœur germaine perd sa qualité d'héritière réservataire, devient aceb, et partage avec l'aïeul et ses frères, suivant le sexe. En cas de partage, l'aïeul est considéré comme frère.

89. — En concurrence avec un époux, un aïeul paternel et une mère, la sœur germaine conserve sa qualité d'héritière réservataire et joint sa part de 1/2 à celle du 1/6 de l'aïeul, qu'ils se partagent ensuite entre eux, suivant le sexe, à raison de 2/3 pour l'aïeul et d'un tiers pour la sœur. Le partage ne s'effectue qu'autant que les diverses réserves ont été préalablement converties. (Voir règle de l'aoul n° 104.)

Sœur consanguine

90. — La sœur consanguine, à défaut de sœur germaine, jouit des mêmes prérogatives qu'aurait cette dernière.

Cousin germain ou consanguin

91. — Lorsque le cousin germain ou consanguin du de cujus (ligne paternelle) se trouve être en même temps son frère utérin (ligne maternelle), il prélève d'abord sa réserve comme utérin, puis, à titre d'héritier aceb, recueille le restant de la succession, après que les héritiers réservataires ont été remplis de leurs droits. Ce cas a lieu lorsque la même femme a épousé successivement deux frères germains ou consanguins et a eu un fils de chacun d'eux.

92. — Le cousin germain ou consanguin et tous les autres collatéraux successibles ne rendent pas leurs sœurs accb.

CHAPITRE V

Beït-el-Mal

93. — Dans le rite Malékite, les collatéraux ne viennent à la succession que jusqu'au 6ᵉ degré, en comptant les degrés par génération (1).

94. — En l'absence d'héritiers au 6ᵉ degré, la succession est dévolue au Beït-el-Mal.

Cette administration a été remplacée, depuis la loi du 16 juin 1851, par celle du Domaine de l'État. L'article 4 de cette loi porte que tous les biens qui, aux termes de la loi musulmane, sont en déshérence, doivent faire retour à l'État.

95. — L'État devient héritier aceb lorsqu'il vient à la succession avec un des héritiers ci-après : un conjoint survivant ; une mère ou aïeule ; un frère ou sœur utérins ; des sœurs germaines ou consanguines ; des filles ou petites-filles. Il recueille ainsi le restant de la succession, après que les héritiers réservataires ont été remplis de leurs droits.

96. — En concurrence avec un neveu germain ou consanguin, ainsi qu'avec tous les autres collatéraux successibles, l'État n'a aucun droit.

---

(1) Cousin issu du grand-oncle (SOLVET).

CHAPITRE VI

Réserves déterminées par le Coran

97. — Ces réserves sont au nombre de 6, savoir :
1º La moitié ;
2º Les deux tiers ;
3º Le tiers ;
4º Le quart ;
5º Le sixième ;
6º Le huitième.

98. — Réserve de moitié

Cette réserve est attribuée aux héritiers suivants :
1º *Époux*. — Lorsque l'épouse décédée n'a pas laissé de postérité.
2º *Fille*. — Si elle est seule et qu'elle n'ait pas de frère qui l'élève au rang d'aceb.
3º *Petite-fille*. — Si le de cujus ne laisse ni fils, ni fille, ni petit-fils.
4º *Sœur germaine ou consanguine*. — Si elle est seule et qu'elle n'ait pas de frère qui la place au rang d'aceb.

99. — Réserve des deux tiers

C'est la part attribuée aux 4 héritières suivantes :
1º *Filles*. — Quand elles sont deux ou davantage et qu'elles n'ont pas de frère qui les place au rang d'aceb.
2º *Petites-filles (nées d'un fils)*. — Les petites-filles, en l'absence de filles, jouissent des mêmes prérogatives qu'auraient celles-ci.
3º *Sœurs germaines*. — Quand elles sont plusieurs et qu'il n'y a pas d'héritier mâle qui les place au rang d'aceb.

4° *Sœurs consanguines*. — Les sœurs consanguines, en l'absence de sœurs germaines, jouissent des mêmes prérogatives qu'auraient celles-ci.

100. — Réserve du tiers

C'est la part dévolue aux héritiers suivants :

1° *Mère*. — Lorsqu'il n'y a pas de descendants de l'un ou l'autre sexe, ni plus d'un frère ou d'une sœur du de cujus.

2° *Frères ou sœurs utérins*. — S'ils sont deux ou davantage. Le partage a lieu par égales parts, sans distinction de sexe.

101. — Réserve du quart

1° *Époux*. — Lorsque l'épouse décédée a laissé une postérité.

2° *Épouse*. — Lorsque l'époux est décédé sans laisser de postérité.

102. — Réserve du huitième

1° *Épouse*. — Lorsqu'il y a des filles ou des descendants des fils.

2° S'il y a plusieurs épouses, la réserve du huitième est partagée entre elles par égales parts.

103. — Réserve du sixième

Cette réserve est attribuée aux héritiers suivants :

1° *Petite-fille (née d'un fils)*. — Lorsque le de cujus laisse une seule fille.

2° *Père*. — Lorsque le de cujus laisse un ou plusieurs descendants mâles (fils ou petit-fils).

3° *Aïeul.* — L'aïeul, à défaut de père, exerce le même droit que celui-ci, excepté lorsque le de cujus laisse des frères germains ou consanguins.

4° *Mère.* — Lorsque le de cujus laisse un ou plusieurs descendants de l'un ou l'autre sexe.

5° *Aïeule.* — A défaut de mère, l'aïeule a droit à cette réserve, quelle que soit la qualité des héritiers avec lesquels elle concourt. Si les deux aïeuls héritent en même temps, elles se partagent par égales parts la réserve qui leur est dévolue.

6° *Frère ou sœur utérins.* — Lorsqu'ils ne sont qu'un seul.

7° *Sœur consanguine.* — Lorsqu'il n'y a pas de successibles au 1er degré et qu'il y a une seule sœur germaine.

Nota. — Tous ces éléments ont été condensés dans le tableau n° 119.

CHAPITRE VII

Règle de l'Aoul ou de Conversion

104. — Cette règle est appliquée lorsque les parts légales attribuées aux héritiers réservataires dépassent le montant de la succession. L'aoul consiste à opérer une réduction proportionnelle des parts en élevant le dénominateur des fractions primitives à la somme des numérateurs, lesquels restent invariables.

Les nombreux exemples qui suivent permettront de mieux faire comprendre l'application de cette règle.

105. — Exemple : Le 1/6 est transformé en 1/7 lorsqu'il y a pour héritiers un époux et deux sœurs. En effet :

La part de l'épouse est de. . . . 1/2 ou 3/6 ⎫
Celle des deux sœurs est de. . . 2/3 ou 4/6 ⎬ 7/6

En appliquant l'aoul, nous attribuerons 3/7 à l'époux et 4/7 aux deux sœurs.

106. — La réserve du 1/6 est transformée en 1/8 dans l'exemple suivant :

Une femme décède à la survivance de son mari, de sa mère, et d'une sœur germaine ?

La succession sera ainsi dévolue :

Époux.	1/2 ou 3/6	
Mère	1/3 ou 2/6	8/6
Sœur germaine.	1/2 ou 3/6	

Cette succession ne pouvant dépasser l'entier, on élèvera le dénominateur à la somme des numérateurs $(3+2+3)$ qui est 8, et l'on attribuera :

Au mari.	3/8	
A la mère	2/8	8/8
A la sœur germaine.	3/8	

107. — La réserve du 1/6 devient 1/9 dans l'exemple qui suit :

Une femme décède, laissant pour héritiers : son mari, deux sœurs consanguines, deux sœurs utérines.

Cette succession sera ainsi dévolue :

Époux.	1/2 ou 3/6	
Sœurs consanguines	2/3 ou 4/6	9/6
Sœurs utérines.	1/3 ou 2/6	

En appliquant l'aoul, nous donnerons à l'époux 3/9, aux sœurs consanguines 4/9 et aux sœurs utérines 2/9.

108. — Exemple : Cas désigné sous le nom de *Akdaria* et consistant dans le partage entre les héritiers suivants : l'époux, l'aïeul, la mère, la sœur germaine.

L'époux devrait avoir		1/2 ou 3/6	
L'aïeul	id.	1/6	9/6
La mère	id.	1/3 ou 2/6	
La sœur	id.	1/2 ou 3/6	

Les parts des héritiers fardh dépassant l'actif de la succession, il y a lieu d'appliquer l'aoul et d'attribuer définitivement :

A l'époux 3/9
A l'aïeul. 1/9
A la mère 2/9
A la sœur 3/9

} 9/9

Dans cette liquidation, l'aïeul peut choisir entre sa réserve du 1/6 ou bien réclamer un droit d'aceb et partager ainsi avec la sœur le montant de leur réserve, suivant le sexe. Il a intérêt à choisir le partage, à la condition que sa quote-part soit plus élevée que la réserve légale qui lui est attribuée ; dans le cas contraire, il lui est plus avantageux de maintenir son droit d'héritier réservataire. Dans l'exemple ci-dessus, le partage lui donnerait 3/9 et la part de la sœur serait réduite à 1/9. Ce cas a eu pour résultat d'appeler à la succession la sœur germaine, qui en aurait été exclue par la présence de l'aïeul, et d'avantager celui-ci au préjudice de l'époux et de la mère.

109. — La réserve du 1/6 devient 1/10 lorsqu'une femme décède laissant pour héritiers son mari, sa mère, deux sœurs consanguines et deux sœurs utérines. La succession sera ainsi dévolue :

Époux . . . . 1/2 ou 3/6
Mère 1/6
Sœurs consanguines . . . . 2/3 ou 4/6
Sœurs utérines . . . . 1/3 ou 2/6

} 10/6

En appliquant l'aoul, nous attribuerions définitivement à l'époux 3/10, aux sœurs consanguines 4/10, à la mère 1/10, aux sœurs utérines 2/10.

110. — La réserve du 1/12 se transforme en 1/13 lorsqu'une femme décède à la survivance de son époux, de sa mère et de ses deux filles. Nous attribuerons :

A l'époux. . . . .   1/4 ou 3/12 ⎫
A la mère. . . . .   1/6 ou 2/12 ⎬ 13/12
Aux deux filles. . . . .   2/3 ou 8/12 ⎭

En appliquant l'aoul, nous diviserons la succession en 13 parts et nous conserverons à chacune des fractions le même numérateur.

111. — La réserve du 1/12 se transforme en 1/15 lorsqu'une femme laisse pour héritiers : son mari, son père, sa mère et deux filles. Les parts réservataires sont :

Époux . . . .   1/4 ou 3/12 ⎫
Mère . . . .   1/6 ou 2/12 ⎪
Père . . . .   1/6 ou 2/12 ⎬ 15/12
Filles . . . .   2/3 ou 8/12 ⎭

En appliquant l'aoul, nous diviserons la succession en 15 parts et nous conserverons à chacune des fractions le même numérateur.

Autre exemple. — Soit à partager une succession entre les héritiers suivants :

Une veuve qui a droit au. . . . . .   1/4 ou 3/12 ⎫
Des sœurs consanguines qui ont
droit à . . . .   2/3 ou 8/12 ⎬ 15/12
Des sœurs utérines qui ont droit.   1/3 ou 4/12 ⎭

En appliquant l'aoul, nous diviserons cette succession en 15 parts et nous conserverons à chacune des fractions le même numérateur.

112. — La fraction 1/12 se change en 1/17 lorsqu'il y a pour successibles : une veuve, deux sœurs consanguines, deux sœurs utérines, deux aïeuls.

La dévolution de cette succession donnera :

A la veuve. . . . .   1/4 ou 3/12 ⎫
Aux sœurs consanguines. . . . .   2/3 ou 8/12 ⎪
Aux sœurs utérines . . . .   1/3 ou 4/12 ⎬ 17/12
Aux aïeuls . . . .   1/6 ou 2/12 ⎭

Dans la liquidation définitive, nous ferons 17 parts et nous conserverons à chacune d'elles le même numérateur.

113. — Dans le cas *Memberia* (1), la fraction se transforme en 1/27 lorsqu'il y a pour héritiers en présence :

Une veuve qui a droit à . . .	1/8 ou	3/24
Un père id. . . .	1/6 ou	4/24
Une mère id. . . .	1/6 ou	4/24
Deux filles id. . . .	2/3 ou	16/24

27/24

En appliquant l'aoul, nous ferons 27 parts et nous conserverons à chacune de ces fractions le même numérateur.

114. — Cas Himaria ou El Mouchtaraka

Ce cas se présente lorsque des frères germains arrivent à la succession en même temps que l'époux, la mère et des frères utérins.

Cette succession sera ainsi dévolue :

Époux	1/2 ou	3/6
Mère	1/6 ou	1/6
Frères utérins	1/3 ou	2/6

6/6

Il ne resterait donc rien pour les frères germains, héritiers aceb, par suite de l'absorption complète de la succession par les héritiers fardh. Mais les frères germains objectèrent au kalife Omar qu'ils ne comprenaient pas le motif de leur éviction par suite de la présence des utérins qui n'étaient que frères de mère, alors qu'eux avaient le privilège du double lien.

Ce jurisconsulte, frappé de la justesse de cette objection, décida que les frères germains passeraient exceptionnellement dans la classe des héritiers fardh et partageraient

____

(1) Ainsi appelé parce qu'Ali était dans sa chaire (member) lorsqu'il indiqua la solution.

avec les utérins le montant de la réserve de ces derniers. Cette décision, qui a force de loi, porte le nom d'*himaria* (ou arrêt d'âne) ; elle a eu pour résultat de réduire les droits réservataires des utérins dans une proportion variant avec le nombre des germains.

Cette décision ne pourrait s'étendre au cas où il n'y aurait qu'un *seul frère utérin*, car, la succession n'étant pas absorbée par les héritiers fardh, les frères germains conserveraient leur qualité d'aceb et en recueilleraient ainsi le restant.

Exemple :

Une femme décède, laissant pour héritiers son époux, sa mère, un frère utérin et un frère germain. La succession sera ainsi dévolue :

Époux	1/2 ou 3/6	⎫	
Mère.	1/6 ou 1/6	⎬	5/6
Frère utérin	1/6 ou 1/6	⎭	

Cette succession n'étant pas absorbée par les héritiers réservataires, le frère germain n'aura plus droit au partage avec le frère utérin ; il conservera sa qualité d'aceb et prendra le 1/6 restant.

115. — Cas R'araouan

Ce cas est ainsi appelé parce qu'il a pour résultat de réduire les droits de la mère au profit de ceux du père qui vient à la succession avec la double qualité d'héritier fardh et aceb.

Exemple :

Une succession est ouverte et pour la recueillir sont en présence les héritiers suivants :

L'époux qui a droit au . . .	1/4 ou 3/12	⎫	
La mère.	1/3 ou 4/12	⎪	12/12
Père (comme fardh).	1/6 ou 2/12	⎬	
Père (comme aceb), le surplus ou . .	3/12	⎭	

Nous remarquons que le père n'a que 5/12, alors que la mère en a 4. Le privilège du sexe, qui veut que la part de l'homme soit double de celle de la femme, n'étant pas observé, les jurisconsultes décidèrent que la mère recevrait 3/12 et que le père aurait 6/12, ce qui constitue bien une part double de celle de sa femme.

Autre exemple :

Une femme laisse pour héritiers son époux, son père et sa mère.

Le partage aura lieu dans les conditions suivantes :

Époux	1/2 ou 3/6	⎞
Mère	1/3 ou 2/6	⎬ 6/6
- Père	1/6	⎠

Dans cette répartition, le père n'a qu'un 1/6, alors que sa femme en a 2. Afin de maintenir le privilège du sexe, il y a lieu d'intervertir les deux parts et d'attribuer au père 2/6 et à la mère 1/6, ce qui constitue bien une part double de celle de sa femme.

116. — Cas désigné sous le nom de Karka

Ce cas est ainsi appelé parce que les parts des héritiers réservataires absorbent la succession.

Exemple :

Une femme décède, laissant pour héritiers sa mère, son aïeul et une sœur.

La succession sera ainsi dévolue :

Part de la mère	1/3 ou 2/6	⎞
Part de l'aïeul	1/6 ou 1/6	⎬ 6/6
Part de la sœur	1/2 ou 3/6	⎠

117. — Cas appelé Moubahala

Ce cas se présente dans les successions suivantes, lorsque les parts réservées égalent l'entier :

1er exemple :

Époux	1/2 ou 3/6	6/6
Sœur.	1/2 ou 3 6	

2e exemple : Lorsque les héritiers en présence sont :

L'époux qui a droit à.	1/2 ou 3/6	
L'aïeul id.	1/6	6/6
La mère id.	1/3 ou 2/6	

3e exemple : Lorsque les héritiers en présence sont :

Aïeul	1/6	
Mère.	1/6	6/6
Deux sœurs.	4/6	

4e exemple :

Aïeul	1/6	
Mère.	1/6	6/6
Filles 2/3	4/6	

CHAPITRE VIII

Remarques générales

118. — Le père et l'aïeul acquièrent la qualité de fardh et d'aceb lorsqu'ils viennent, l'un ou l'autre, en concurrence avec une ou plusieurs filles (de fils). S'il n'y a pas d'autres héritiers, ils recueillent la totalité de la succession (la qualité de fardh se confondant avec celle d'aceb).

Certains héritiers fardh ne deviennent jamais aceb ; ce sont : le conjoint, la mère, l'aïeule, le frère ou sœur utérins.

D'autres héritiers de la même classe, tels que : la fille, la petite-fille, la sœur germaine, la sœur consanguine, n'acquièrent la qualité d'aceb que lorsqu'elles concourent avec des héritiers mâles de leur degré. Elles conservent la qualité d'héritières fardh lorsqu'elles viennent à la succession en concurrence avec des filles ou des petites-filles.

La division entre ces deux classes d'héritiers est utile à connaître pour la fixation des droits de chacun.

Nous avons cru utile de les résumer dans le tableau n° 119, qui indique le rang de chaque héritier réservataire, ainsi que la quote-part qui lui revient.

119. — Tableau des héritiers Fardh

avec indication de la quotité de leurs droits

HÉRITIERS	Quote-part	OBSERVATIONS
Époux.	1/4	Lorsque l'épouse décédée laisse une postérité.
	1/2	Lorsqu'elle n'en laisse pas.
Épouse	1/8	Lorsque l'époux décédé laisse une postérité.
	1/4	Lorsqu'il n'en laisse pas.
Père ou aïeul. .	1/6	Lorsqu'il succède en même temps qu'un fils ou petit-fils (né d'un fils). Ses droits subissent une augmentation dans le cas r'araouan (n° 115).
Mère	1/3	S'il n'y a pas de descendants de l'un ou l'autre sexe. Si le de cujus ne laisse qu'un seul frère ou une seule sœur. Ses droits subissent une réduction dans le cas r'araouan (n° 115).
	1/6	Lorsqu'il y a des descendants de l'un ou l'autre sexe. Lorsqu'il y a deux ou plusieurs frères ou sœurs du de cujus.
Aïeule.	1/6	A défaut de mère. Si les deux aïeules (paternelle et maternelle) viennent à la succession, elles se partagent cette réserve. L'aïeule paternelle est exclue par le père ; les deux aïeules par la mère.
Fille.	1/2	Si elle est seule.
	2/3	Si elles sont plusieurs.

HÉRITIERS	Quote-part	OBSERVATIONS
Petite-fille. . .	1/2	Si elle est seule.
	2/3	Si elles sont plusieurs.
	1/6	Si le de cujus laisse une seule fille.
		Est exclue par la présence de deux ou plusieurs filles.
		Devient aceb par la présence d'un frère ou d'un cousin.
Sœur germaine.	1/2	Si elle est seule.
	2/3	Si elles sont plusieurs.
		N'est pas exclue par l'aïeul paternel.
		Devient aceb avec un frère ; avec une ou plusieurs filles ou petites-filles ; avec l'aïeul parternel.
Sœur consanguine .	1/2	Si elle est seule.
	2/3	Si elles sont plusieurs.
	1/6	S'il y a une seule sœur germaine.
		Est exclue par la présence de deux ou plusieurs sœurs germaines.
		Devient aceb avec un frère consanguin ; ou des filles ou petites-filles ; ou l'aïeul paternel.
Frère et sœur utérins.	1/6	S'ils ne sont qu'un seul.
	1/3	S'ils sont plusieurs avec partage par tête sans distinction de sexe.
		Sont exclus par les descendants et ascendants mâles, mais non par les frères germains ou consanguins.
		Ne sont jamais aceb. Dans le cas himaria partagent avec les frères germains le montant de leur réserve (n° 114).

CHAPITRE IX

Liquidations de successions avec arbres généalogiques

120. — Une succession s'ouvre et se présentent pour la recueillir les héritiers suivants : l'époux, deux filles, deux frères, deux sœurs.

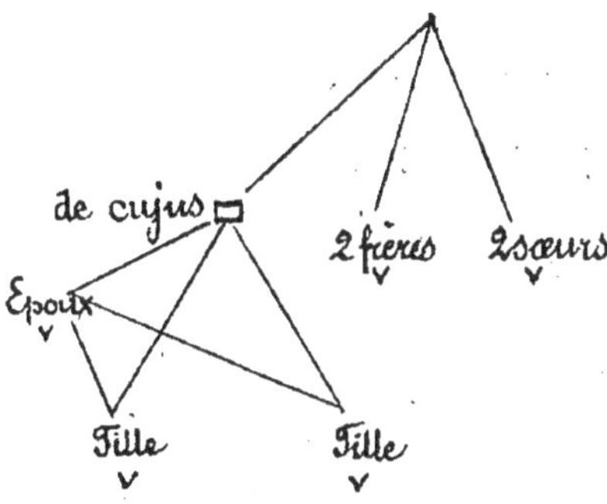

Les héritiers fardh sont :
L'époux qui a droit au . . . . 1/4 ou 3/12
Les deux filles qui ont droit aux. . . . . 2/3 ou 8/12

Ensemble. 11/12
Il restera donc pour les frères et sœurs,
héritiers aceb 1/12

Total de la succession 12/12

La fraction de 1/12 ne pouvant être divisée en 6 parts, dont 4 pour les frères et deux pour les sœurs, il faudra donc la multiplier par 6, ce qui donnera 6/72, que nous attribuerons ainsi :

Aux 2 frères 4/72
Aux 2 sœurs 2/72

En réduisant au même dénominateur les parts réservataires, nous attribuerons :

Au mari . . . . 3/12 ou 18/72
Aux 2 filles . . . . 8/12 ou 48/72

Ensemble. 72/72

121. — Entre héritiers aceb, le partage a lieu par tête et à raison de 2 parts pour le sexe masculin et d'une part pour le sexe féminin.

Exemple :

Miloud décède, laissant pour héritiers trois fils : Bachir, Ahmed et Serir ; 2 filles : Zohra et Aïcha.

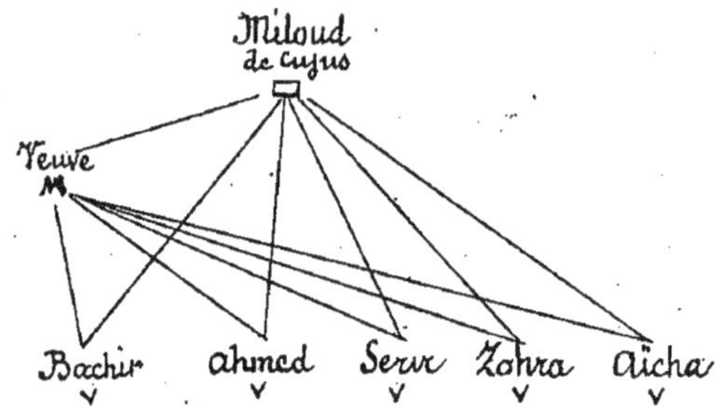

La succession sera donc divisée en huit parts, savoir :
A chaque fils 2, et pour les trois . . . . . . 6 ⎫
A chaque fille 1, et pour les deux. . . . . . 2 ⎬ 8

Règle. — En l'absence d'héritiers fardh, on prend pour base de répartition le nombre des aceb en tenant compte du privilège du sexe. Lorsqu'il y a des héritiers fardh, la part des aceb, qui consiste dans ce qui reste après déduction des diverses réserves, est un facteur inconnu. Il faut donc commencer par dégager ce facteur et extraire ensuite la fraction représentant le droit des aceb ; le dénominateur de cette fraction constitue la base de répartition. On convertit ensuite, au même dénominateur, les parts des héritiers réservataires. Les divers exemples qui suivent permettront de mieux comprendre la marche à suivre en pareil cas.

122. — Amar meurt à la survivance de Zohra (veuve), héritière fardh ; de trois fils : Brahim, Djelloul et Miloud, et d'une fille, Aïcha.

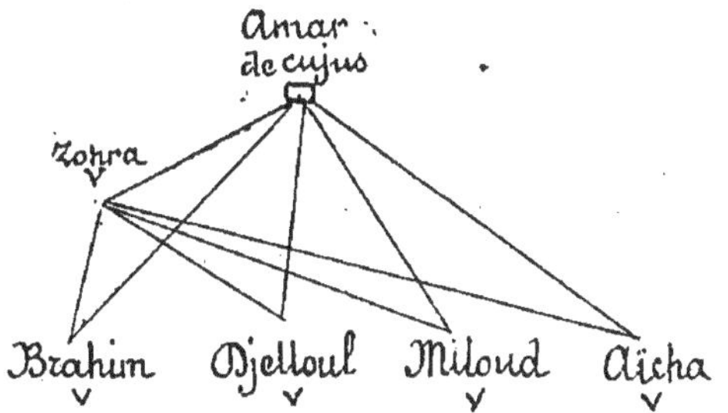

La base de répartition étant 8, nous attribuerons :

A la veuve	1/8	
Aux 3 fils	6/8	8/8
A la fille	1/8	

123. — Un de cujus laisse pour héritiers : sa mère, deux frères et une sœur ?

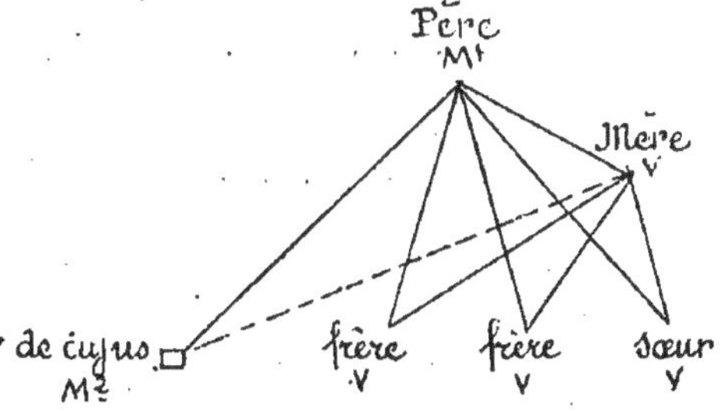

Dans cette succession, les héritiers en présence sont une ascendante et trois collatéraux. La succession sera ainsi dévolue :

Mère (héritière fardh)	1/6	
2 frères (aceb)	4/6	6/6
1 sœur (aceb)	1/6	

124. — Un de cujus laisse pour lui succéder : son

aïeul (Taïeb), sa veuve (Zohra) et trois fils : Brahim, Djelloul et Miloud. Le partage de la succession donnera :

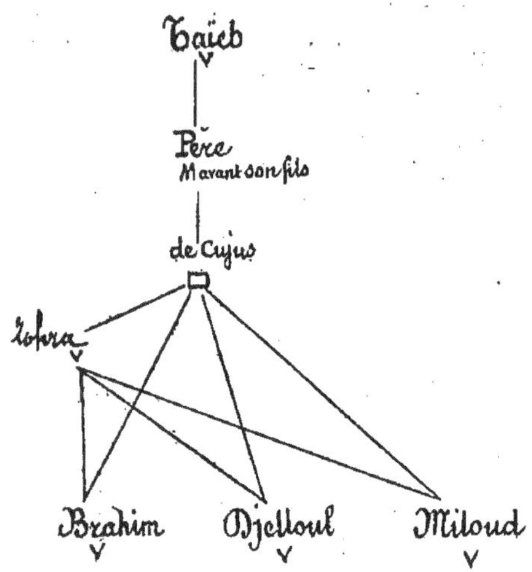

L'aïeul (héritier fardh) a droit au 1/6
La veuve (héritière fardh) a droit au 1/8
Le plus petit commun multiple entre 6 et 8 étant le nombre 24, nous attribuerons :

A l'aïeul. . . . . 1/6 ou 4/24
A la veuve . . . . 1/8 ou 3/24
Les trois fils héritiers aceb auront
   le surplus, soit 17/24

     24/24

125. — Un de cujus laisse pour héritiers :

Zohra (sa veuve) ; trois fils : Brahim, Djelloul et Miloud ; trois filles : Aïcha, Fatma et Meriem.

La succession sera ainsi dévolue :

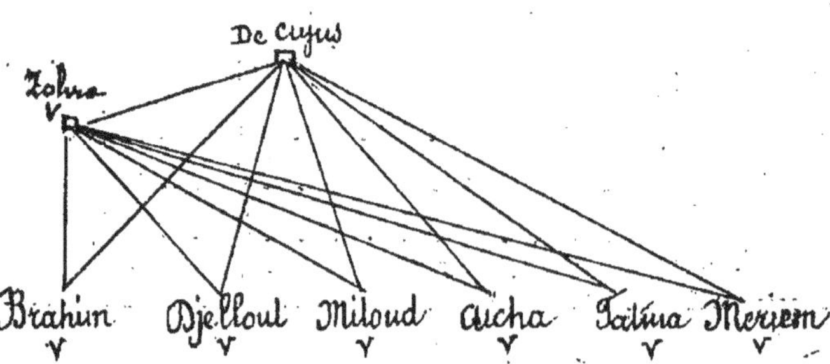

La veuve (héritière fardh) a droit à 1/8

Il reste donc 7/8 disponibles qui sont la part des aceb revenant aux trois fils et aux trois filles. La base de répartition de cette succession sera le dénominateur 9.

3 fils à raison de 2 parts chacun . . . . . . 6 ⎫
3 filles à raison d'une part chacune. . . . . 3 ⎬ 9

Or le numérateur 7 de la fraction 7/8 n'étant pas divisible par 9, il y a donc lieu de la multiplier par ce nombre, ce qui la portera à 63/72, que nous attribuerons ainsi :

Part de Brahim. . . . . 14/72 ⎫
  Id. de Djelloul. . . . . 14/72 ⎪
  Id. de Miloud . . . . 14/72 ⎬ 63/72
  Id. d'Aïcha . . . . 7/72 ⎪
  Id. de Fatma. . . . . 7/72 ⎪
  Id. de Meriem . . . . 7/72 ⎭

En convertissant la fraction 1/8 (part
  de la veuve). 9/72
                                          ──────
Total de la succession 72/72

126. — Un de cujus laisse pour héritiers : une veuve, une mère, un frère et deux sœurs ?

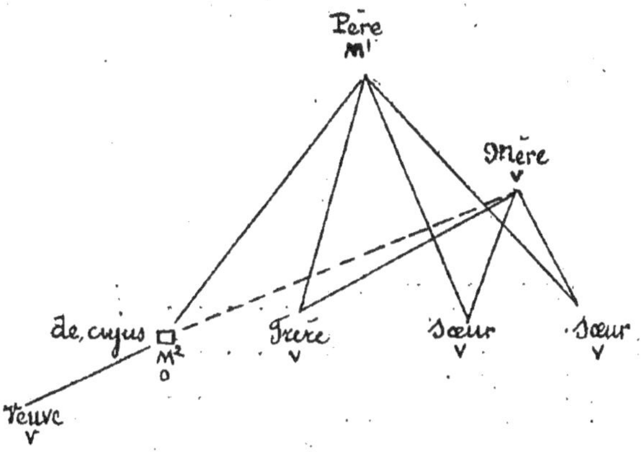

Dans cette succession, les héritiers en présence sont : un conjoint survivant, une ascendante et des collatéraux.

La succession sera ainsi dévolue :

Veuve (héritière fardh). . . . . . . 1/4 ou 3/12 ⎱ 5/12
Mère (id.   ). . . . . . 1/6 ou 2/12 ⎰

La part des collatéraux (héritiers aceb) sera le surplus ou 7/12. Le nombre de parts étant 4, il y a lieu de multiplier la fraction 7/12 par ce nombre, ce qui nous donnera 28/48, que nous attribuerons ainsi :

A la veuve. . . . . 1/4 ou 12/48 ⎞
A la mère . . . . 1/6 ou 8/48 ⎟ 48/48
Au frère. . . . .   14/48 ⎟
Aux sœurs. . . . .   14/48 ⎠

127. — Un de cujus laisse pour héritiers : un aïeul, une mère, un fils et trois filles ?

La succession sera ainsi dévolue :

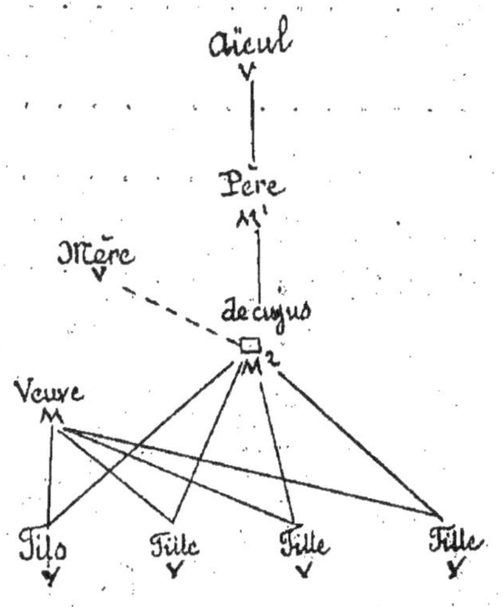

L'aïeul (héritier fardh) aura . . . . . . 1/6 ⎱ 2/6 ⎱
La mère (id.   id. . . . . . 1/6 ⎰   ⎱ 6/6
Il restera donc 4/6 pour les aceb . .   4/6 ⎰

La base de cette répartition étant 6 et la fraction 4/6 ne pouvant être divisée en 5 parts (nombre d'aceb), il y a donc lieu de la multiplier par 5, et d'attribuer définitivement :

A l'aïeul . . . . $1/6 \times 5$ ou 5/30 ⎞
A la mère . . . . $1/6 \times 5$ ou 5/30 ⎟
Au fils (4×2) . . . .   8/30 ⎬ 30/30
A chaque fille (4×3) . . .   12/30 ⎠

128. — Liquidation d'une succession suivant l'arbre généalogique suivant :

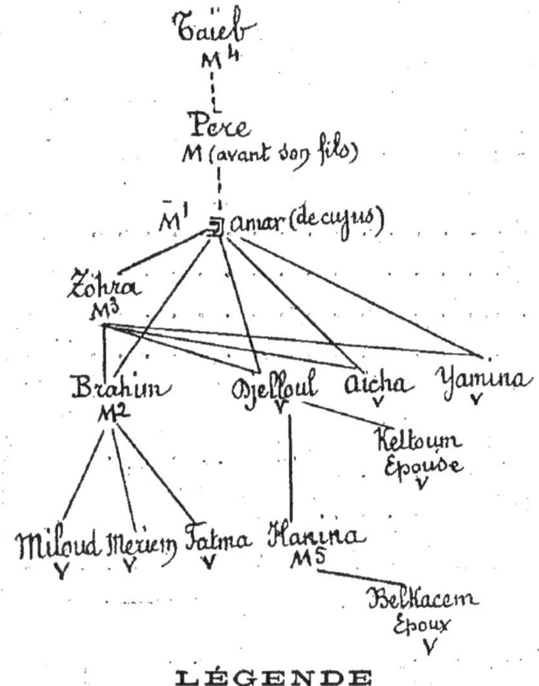

LÉGENDE

L'exposant placé au-dessus de la lettre M indique l'ordre des décès.
Le zéro indique que le de cujus est mort sans postérité.
La lettre V sigifie vivant.
Le trait ponctué indique que le descendant est mort avant l'ascendant.

Première succession

Amar décède, laissant pour lui succéder :
Sa veuve (Zohra).
Son père (Taïeb).

Son fils (Brahim).
  Id.   (Djelloul).
Sa fille (Aïcha).
  Id.   (Yamina).
Les héritiers fardh ou réservataires sont :

Zohra (veuve) qui a droit à.	1/8 ou 3/24	
Taïeb (père) id.	1/6 ou 4/24	24/24
Part des aceb, le surplus ou. . .	17/24	

La fraction 17/24 représentant le droit des aceb ne pouvant être partagée en 6 parts (4 au fils et 2 aux filles), il y a donc lieu de la multiplier par ce nombre, ce qui donnera : $17/24 \times 6 = 102/144$, que nous répartirons ainsi :

A Brahim	34	
A Djelloul	34	102/144
A Aïcha	17	
A Yamina	17	

Convertissant ensuite les parts des héritiers fardh, nous attribuerons :

A Zohra (veuve). . . .	$3/24 \times 6 = 18/144$	42/144	
A Taïeb (père).	$4/24 \times 6 = 24/144$		
Total de la 1re succession.		144/144	

Deuxième succession

Brahim décède, laissant pour héritiers :
Sa mère (Zohra).
Son aïeul (Taïeb).
Son fils (Miloud).
Sa fille (Fatma).
  Id.   (Meriem).
Part des héritiers réservataires :

Zohra	1/6		
Taïeb	1/6	2/6	6/6
Part des aceb, le surplus ou	4/6		

La présence de Miloud rend ses sœurs aceb. La répartition des 4/6, droit des aceb, sera ainsi faite :

Miloud (2 parts) . . . . 2/6 ⎫
Meriem (1 part). . . . . : . 1/6 ⎬ 4/6
Fatma (1 part) . . . . 1/6 ⎭

La succession de Brahim étant de 34/144 et le nombre de parts 6, nous multiplierons cette fraction par ce nombre, ce qui nous donnera 102/432, que nous attribuerons ainsi :

A Zohra (mère) . . . . 17 ⎫
A Taïeb (aïeul) . . . . : . . . . 17 ⎪
A Miloud (fils). . . . . 34 ⎬ 102/432
A Meriem (fille) . . . . 17 ⎪
A Fatma (fille). . . . . 17 ⎭

Pour la liquidation de ces droits, nous multiplierons la fraction 34/144 de la première succession par 3, afin d'avoir un dénominateur commun et nous attribuerons :

A Zohra (1re succession) 18/144 × 3 = 54/432 ⎫
  Id. (2e id.) . . . . 17 ⎪
A Taïeb (1re id.) 24/1443 × = 72 ⎪
  Id. (2e id.) . . . . 17 ⎪
A Djelloul (1re succession) 34/144 ou 102 ⎬ 432/432
A Aïcha (1re id.) 17/144 ou 51 ⎪
A Yamina (1re id.) 17/144 ou 51 ⎪
A Miloud (2e id.) . . . . 34 ⎪
A Fatma (2e id.) . . . . 17 ⎪
A Meriem (2e id.) . . . . 17 ⎭

Troisième succession (71/432 ou 284/1728)

Zohra décède, laissant pour héritiers :
Djelloul (fils).
Aïcha (fille). ⎫ Deviennent aceb par la présence de
Yamina (fille). ⎭ leur frère Djelloul.

Milould (petit-fils). ⎱ Sont exclus par la présence d'un
Fatma (petite-fille). ⎰ fils, la représentation n'ayant
Meriem (id.). ⎰ pas lieu en droit musulman.

La succession de Zohra, qui est de 71/432, sera partagée
en 4 parts (2 pour le fils et 1 pour chaque fille).

Cette fraction n'étant pas divisible par 4 (part des aceb),
il y a donc lieu de la multiplier par ce nombre et d'attribuer définitivement :

A Djelloul, ses droits antérieurs, ou 102/432 × 4 =   408/1728
    Id.   ses droits dans la 3e succession. .   142
A Aïcha, ses droits antérieurs, 51/432 ou. .   204
    Id.   ses droits dans la 3e succession. .   71
A Yamina, ses droits antérieurs, 51/432 ou.   204
    Id.   ses droits dans la 3e succession.   71
A Taïeb, ses droits dans la 3e succession, 89/432 ou.   356
A Miloud,   id.   2e   id.   34/432 ou.   136
A Meriem,   id.   2e   id.   17/432 ou.   68
A Fatma,   id.   2e   id.   17/432 ou.   68

Total de la 3e succession. 1728/1728

Quatrième succession

Taïeb (aïeul) décède, laissant pour héritiers :
Setti (sa fille).
Djelloul (son petit-fils, fils de Amar).
Aïcha (sa petite-fille).
Yamina (sa petite-fille).
Miloud (son arrière-petit-fils).
Meriem et Fatma (ses arrière-petites-filles) par les mâles.
Hanina (fille de Djelloul), sa légataire du 1/4.

Pour la liquidation de cette succession, la première
opération consiste à prélever le legs du 1/4 au profit de
l'arrière-petite-fille (Hanina) ; la seconde opération consiste
à partager le restant entre les autres héritiers. Taïeb

ayant laissé une quote-part de 356/1728, nous prendrons le 1/4 ou 89/1728, il restera donc à partager 356 — 89 ou 267/1728, que nous attribuerons ainsi :

A Setti (fille de Taïeb), son droit 1/2 (fardh) ou 4/8 \
A Djelloul (fils de fils) aceb, id.   1/4 (id.) ou 2/8 |
A Aïcha (petite-fille) de fils (aceb avec son frère) 1/8 ou. . . . . 1/8 { 8/8
A Yamina (petite-fille) de fils (aceb avec son frère) 1/8 ou. . . . . 1/8 /

La base de répartition étant 8, nous multiplierons le dénominateur par ce nombre et nous aurons 13824, que nous attribuerons ainsi :

A Hanina (arrière-petite-fille), son legs du 1/4.   712
A Setti (fille), 1/2.   1068
A Djelloul (petit-fils), ses droits antérieurs, plus 1/4 de la succession Taïeb   4934
A Aïcha (petite-fille) ses droits antérieurs, plus 1/8 de la succession Taïeb   2467
A Yamina, mêmes droits que sa sœur.   2467
A Miloud (arrière-petit-fils), ses droits antérieurs.   1088
A Meriem (arrière-petite-fille),   id.   .   544
A Fatma (id.   ),   id.   .   544

Total de la 4e succession. 13824

Quant aux héritiers Miloud, Meriem et Fatma, ils sont évincés comme étant d'un degré plus éloigné que Djelloul.

Cinquième succession

Hanina décède, laissant pour héritiers : son père (Djelloul, sa mère (Keltoum), son mari (Belkacem).

La mari a droit à 1/2 ou. . . . . 3/6 \
La mère   id.   1/3 ou. . . . . 2/6 { 6/6
Le père . . . . 1/6 /

Ces trois héritiers réservataires absorbent le montant

de la successiou (cas Karka). Dans cette répartition, le privilège du mari n'ayant pas été observé, il y a lieu d'attribuer au père 2/6 et réduire la part de la mère à 1/6. Ce cas est désigné sous le nom de R'araouan. (Voir n⁰ˢ 115 et 116.)

Cette succession se composant de 6 parts, nous multiplierons la quote-part laissée par Hanina, qui est de 712/13824, par ce nombre, et nous aurons la fraction 4272/82944, que nous attribuerons ainsi :

A Belkacem (époux) 3/6, soit. 2136/82944
A Keltoum (mère) 1/6, soit.   712
A Djelloul (père) 2/6, soit   1424

$$\text{Id. ses droits antérieurs,} \frac{4934 \times 6}{13824} = 29604$$

A Setti   id.   6408
A Aïcha   id.   14802
A Yamina   id.   14802
A Miloud   id.   6528
A Meriem   id.   3264
A Fatma   id.   3264

Total de la 5ᵉ succession. 82944/82944

NOMS des HÉRITIERS	1re SUCCESSION			2e SUCCESSION			3e SUCCESSION			4e SUCCESSION			5e SUCCESSION			OBSERVATIONS
	Amar de cujus	24	144	de cujus	6	432	de cujus	4	1728	de cujus	8	13824	de cujus	6	82944	
Zohra . . .	»	3	18	»	1	71	D	»	»	»	»	»	»	»	»	
Taïeb . . .	»	4	24	»	1	89	»	»	356	D	»	»	»	»	»	
Djelloul . .			34	»	»	102	»	2	550	»	2	4934	»	2	31028	
Brahim . .	»	17	34	D	»	»	»	»	»	»	»	»	»	»	»	
Aïcha . . .			17	»	»	51	»	1	275	»	1	2467	»	»	14802	
Yamina . .			17	»	»	51	»	1	275	»	1	2467	»	»	14802	
Miloud . .	»	»	»	»	2	34	»	»	136	»	»	1088	»	»	6528	
Meriem . .	»	»	»	»	1	17	»	»	68	»	»	544	»	»	3264	
Fatma . . .	»	»	»	»	1	17	»	»	68	»	»	544	»	»	3264	
Hanina (1) .	»	»	»	»	»	»	»	»	»	»	(1)4	712	D	»	»	(1) Légataire du 1/4.
Setti . . .	»	»	»	»	»	»	»	»	»	»	»	1068	»	»	6408	
Keltoum. .	»	»	»	»	»	»	»	»	»	»	»	»	»	1	712	
Belkacem .	»	»	»	»	»	»	»	»	»	»	»	»	»	3	2136	

130. — Les cinq successions qui viennent d'être liquidées sont résumées dans le tableau ci-contre, contenant trois colonnes. Dans la première colonne, la lettre D (décédé), placée en face du nom, indique que la succession de la personne désignée est ouverte. La seconde donne les numérateurs des fractions dans la première répartition, qui est le chiffre 6, placé en tête. La troisième colonne contient, en-tête, le nombre 432, base de la dernière répartition entre tous les héritiers, et les chiffres en regard de chaque nom, dans cette colonne, indiquent les droits de chacun d'eux dans l'ensemble des successions.

131. — Legs

1º Un de cujus laisse un légataire du 1/3 et 4 fils ?

La succession sera ainsi dévolue :

La base de répartition sera 1/3 × 4 ou 4/12 et l'on donnera au légataire 4/12 ; il restera 8/12 à partager entre les 4 fils dont 2/12 chacun, soit 8/12. En réduisant la fraction à sa plus simple expression, nous aurons :

Pour le légataire . . . . 2/6 ⎫
Pour les 4 fils. . . . . 4/6 ⎬ 6/6

2º Un de cujus lègue 1/6 et 1/8. Que restera-t-il à partager entre 2 fils ?

Cherchons la base de répartition, par cela multiplions 6 et nous aurons comme dénominateur 48. La succession sera ainsi dévolue :

1er légataire. . . . . 8/48 ⎫
2e légataire . . . . 6/48 ⎬ 14/48 ⎫
Chaque fils aura . . . . 34/48 ⎭ ⎬ 48/48

3º Un de cujus laisse pour légataire du 1/3 trois petites-filles et laisse pour héritiers un fils et une fille ?

La succession sera ainsi dévolue :

Legs du 1/3 aux 3 petites-filles (1/9 chacune). . .   3/9
Il reste donc 6/9 à partager, que nous attribuerons :
Au fils (une part double), soit. 4/9
A la fille (la moitié), soit. 2/9
                                                    ‾‾‾‾
                Ensemble. 9/9

132. — Nous donnons, à la page suivante, un tableau des successions musulmanes (Rite Malékite) attribué à Ebn Arafa.

Mode d'emploi. — Pour déterminer les droits des héritiers en présence, on cherche le nom du plus éloigné en degré du de cujus et l'on descend la colonne verticalement jusqu'à la rencontre de celle horizontale à l'extrémité de laquelle est inscrit le nom de l'héritier le plus rapproché. La case placée à l'intersection de ces deux colonnes renferme les parts légales revenant à chaque héritier. La lettre ou le chiffre placés en dessus indiquent la part dévolue à l'héritier dont le nom est inscrit à l'extrémité de la ligne verticale, le nombre placé en dessous donne la part revenant à l'héritier dont le nom est inscrit à l'extrémité de la ligne horizontale.

Exemple : Une épouse succède en même temps qu'une mère et des frères germains ?

Établissons les droits de l'épouse par rapport aux deux autres héritiers. La case placée à l'intersection de la ligne verticale commençant à *mère* et de la ligne horizontale commençant à *épouse* renferme les deux chiffres $\frac{3}{4}$ qui indiquent que l'épouse a droit au 1/4 et la mère au 1/3 de la succession. Continuons ainsi par les frères germains par rapport à l'épouse, nous aurons à l'intersection de la ligne horizontale et verticale, contenant ces deux héritiers, la case renfermant les signes $\frac{r}{4}$ qui indiquent que l'épouse a droit au 1/4 et les frères germains au restant. Cherchons également le droit des frères germains par rapport à celui de la mère, nous trouvons ainsi les signes $\frac{r}{6}$ qui indiquent que la mère a le 1/6 et les frères le restant. La part de la mère qui était primitivement du 1/3 a été réduite au 1/6 à cause de la présence des frères germains.

Cette succession sera ainsi dévolue :

Épouse . . . . 1/4 ou 3/12 ⎫ 5/12
Mère . . . . 1/6 ou 2/12 ⎭

Il reste 7/12 (part des aceb) qui reviennent aux frères germains.

Nota. — Ce tableau, établi sur le modèle d'une table de multiplication, ne donne que les principaux cas qui peuvent se présenter en matière de liquidation successorale. Les nombreuses exceptions qui peuvent exister sont contenues dans le texte de cet ouvrage. Néanmoins ce tableau est un document très utile à consulter, et nous l'avons reproduit à la page suivante après y avoir introduit quelques légères modifications.

TABLEAU

DES

SUCCESSIONS MUSULMANES

d'après l'Iman Ebn Arafa

traduit par Mr Solvet

LÉGENDE

t — totalité	2 — la moitié
r — restant	3 — le tiers
c — concours	3' — les deux tiers
ch — choix	4 — le quart
0 — Zéro	6 — le sixième
	8 — le huitième

Triangular concurrence table. Each off-diagonal cell prints two stacked symbols, transcribed here as **top / bottom**; diagonal (self) cells carry a single symbol. Columns and rows use the same 29 heirs, numbered below.

Column / row key:
1 = BEÏT-EL-MAL · 2 = COUSIN CONSANGUIN · 3 = COUSIN GERMAIN · 4 = ONCLE CONSANGUIN · 5 = ONCLE GERMAIN · 6 = NEVEU CONSANGUIN · 7 = NEVEU GERMAIN · 8 = FRÈRES OU SŒURS UTÉRINS · 9 = FRÈRE OU SŒUR UTÉRIN · 10 = SŒURS CONSANGUINES · 11 = SŒUR CONSANGUINE · 12 = SŒURS GERMAINES · 13 = SŒUR GERMAINE · 14 = FRÈRES CONSANGUINS · 15 = FRÈRE CONSANGUIN · 16 = FRÈRES GERMAINS · 17 = FRÈRE GERMAIN · 18 = AÏEUL PATERNEL · 19 = AÏEULE · 20 = MÈRE · 21 = PÈRE · 22 = ÉPOUSE · 23 = ÉPOUX · 24 = PETITES-FILLES (Filles du Fils) · 25 = PETITE-FILLE (Fille du Fils) · 26 = PETIT-FILS (Fils du Fils) · 27 = FILLES · 28 = FILLE · 29 = FILS

Part A — columns 1–15

Héritier (ligne)	1	2	3	4	5	6	7	8	9	10	11	12	13	14	15
1 BEÏT-EL-MAL	t														
2 COUSIN CONSANGUIN	0/t	t													
3 COUSIN GERMAIN	0/t	0/t	t												
4 ONCLE CONSANGUIN	0/t	0/t	0/t	t											
5 ONCLE GERMAIN	0/t	0/t	0/t	0/t	t										
6 NEVEU CONSANGUIN	0/t	0/t	0/t	0/t	0/t	t									
7 NEVEU GERMAIN	0/t	0/t	0/t	0/t	0/t	0/t	t								
8 FRÈRES OU SŒURS UTÉRINS	r/3	r/3	r/3	r/3	r/3	r/3	r/3	3							
9 FRÈRE OU SŒUR UTÉRIN	r/6	r/6	r/6	r/6	r/6	r/6	r/6	3	6						
10 SŒURS CONSANGUINES	r/3'	r/3'	r/3'	r/3'	r/3'	r/3'	r/3'	3/3'	6/3'	3'					
11 SŒUR CONSANGUINE	r/2	r/2	r/2	r/2	r/2	r/2	r/2	3/2	6/2	3'	2				
12 SŒURS GERMAINES	r/3'	r/3'	r/3'	r/3'	r/3'	r/3'	r/3'	3/3'	6/3'	0/3'	0/3'	3'			
13 SŒUR GERMAINE	r/2	r/2	r/2	r/2	r/2	r/2	r/2	3/2	6/2	6/2	6/2	3'	2		
14 FRÈRES CONSANGUINS	0/t	0/t	0/t	0/t	0/t	0/t	0/t	3/r	6/r	c	c	3'/r	2/r	t	
15 FRÈRE CONSANGUIN	0/t	0/t	0/t	0/t	0/t	0/t	0/t	3/r	6/r	c	c	3'/r	2/r	t	t
16 FRÈRES GERMAINS	0/t	0/t	0/t	0/t	0/t	0/t	0/t	3/r	6/r	0/t	0/t	c	c	0/t	0/t
17 FRÈRE GERMAIN	0/t	0/t	0/t	0/t	0/t	0/t	0/t	3/r	6/r	0/t	0/t	c	c	0/t	0/t
18 AÏEUL PATERNEL	0/t	0/t	0/t	0/t	0/t	0/t	0/t	0/t	0/t	ch	ch	ch	ch	ch	ch
19 AÏEULE	r/6	r/6	r/6	r/6	r/6	r/6	r/6	3/6	6/6	3'/6	2/6	3'/6	2/6	r/6	r/6
20 MÈRE	r/3	r/3	r/3	r/3	r/3	r/3	r/3	3/6	6/3	3'/6	2/3	3'/6	2/3	r/6	r/3
21 PÈRE	0/t	0/t	0/t	0/t	0/t	0/t	0/t	0/t	0/t	0/t	0/t	0/t	0/t	0/t	0/t
22 ÉPOUSE	r/4	r/4	r/4	r/4	r/4	r/4	r/4	3/4	6/4	3'/4	2/4	3'/4	2/4	r/4	r/4
23 ÉPOUX	r/2	r/2	r/2	r/2	r/2	r/2	r/2	3/2	6/2	3'/2	2/2	3'/2	2/2	r/2	r/2
24 PETITES-FILLES	r/3'	r/3'	r/3'	r/3'	r/3'	r/3'	r/3'	3/3'	6/3'	r/3'	r/3'	r/3'	r/3'	r/3'	r/3'
25 PETITE-FILLE	r/2	r/2	r/2	r/2	r/2	r/2	r/2	3/2	6/2	r/2	r/2	r/2	r/2	r/2	r/2
26 PETIT-FILS	0/t	0/t	0/t	0/t	0/t	0/t	0/t	0/t	0/t	0/t	0/t	0/t	0/t	0/t	0/t
27 FILLES	r/3'	r/3'	r/3'	r/3'	r/3'	r/3'	r/3'	3/3'	6/3'	r/3'	r/3'	r/3'	r/3'	r/3'	r/3'
28 FILLE	r/2	r/2	r/2	r/2	r/2	r/2	r/2	3/2	6/2	r/2	r/2	r/2	r/2	r/2	r/2
29 FILS	0/t	0/t	0/t	0/t	0/t	0/t	0/t	0/t	0/t	0/t	0/t	0/t	0/t	0/t	0/t

Part B — columns 16–29

Héritier (ligne)	16	17	18	19	20	21	22	23	24	25	26	27	28	29
16 FRÈRES GERMAINS	t													
17 FRÈRE GERMAIN	t	t												
18 AÏEUL PATERNEL	ch	ch	t											
19 AÏEULE	r/6	r/6	r/6	6										
20 MÈRE	r/6	r/3	r/3	0/3	3									
21 PÈRE	0/t	0/t	0/t	6/r	3/r	t								
22 ÉPOUSE	r/4	r/4	r/4	6/4	3/4	r/4	4							
23 ÉPOUX	r/2	r/2	r/2	6/2	3/2	r/2	"	2						
24 PETITES-FILLES	r/3'	r/3'	r/3'	6/3'	6/3'	r/3'	8/3'	4/3'	3'					
25 PETITE-FILLE	r/2	r/2	r/2	6/2	6/2	r/2	8/2	4/2	3'	2				
26 PETIT-FILS	0/t	0/t	6/r	6/r	6/r	6/r	8/r	4/r	c	c	t			
27 FILLES	r/3'	r/3'	r/3'	6/3'	6/3'	r/3'	8/3'	4/3'	0/3'	0/3'	r/3'	3'		
28 FILLE	r/2	r/2	r/2	6/2	6/2	r/2	8/2	4/2	6/2	6/2	r/2	3'	2	
29 FILS	0/t	0/t	6/r	6/r	6/r	6/r	8/r	4/r	0/t	0/t	0/t	c	c	t

TABLE DES MATIÈRES

Chapitre VI

Chapitre VII

Chapitre VIII

Chapitre IX

www.ingramcontent.com/pod-product-compliance
Lightning Source LLC
Chambersburg PA
CBHW061256050726
47594CB00004B/1498